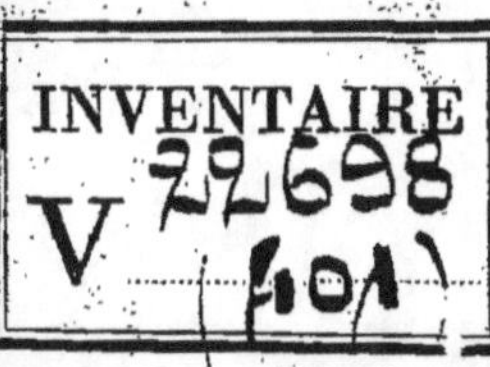

EMPLOI MILITAIRE

DES CHEMINS DE FER

RÉUNION DES OFFICIERS

EMPLOI MILITAIRE

DES CHEMINS DE FER

ENTRETIEN FAIT A LA RÉUNION DES OFFICIERS

Le 18 juin 1872

PAR M. DELAMBRE

CAPITAINE DU GÉNIE

PARIS

A LA RÉUNION DES OFFICIERS

RUE DE BELLECHASSE, 37

1872

EMPLOI MILITAIRE

DES CHEMINS DE FER

MESSIEURS,

Le sujet dont j'ai à vous entretenir aujourd'hui est trop vaste et trop complexe pour que j'aie la prétention de vous en présenter une étude complète, et je serai forcé de m'en tenir à un résumé rapide, destiné seulement à préciser les points principaux de la question, et surtout à appeler votre attention sur les diverses faces sous lesquelles elle doit être envisagée.

Ne perdons jamais de vue, messieurs, que la Réunion des officiers est avant tout une association de travail, que chacun de nous, en soumettant à des camarades le résultat de ses réflexions, doit avoir, le plus souvent, pour but, non d'apporter des systèmes complets et des corps de doctrine, mais de tracer en quelque sorte des programmes sur lesquels chacun devra travailler, afin que le résultat final ait une valeur réelle et pratique, que l'œuvre collective emprunte aux aptitudes diverses, aux efforts individuels, le caractère spécial de maturité qui résulte de l'union des intelligences.

Un fait immense s'était produit pendant la guerre de la

Sécession ; en ce pays où la viabilité ordinaire était relativement fort en retard, les chemins de fer avaient joué un rôle considérable, et l'on vit, dans les armées du Nord, se créer des corps d'armée véritables uniquement destinés à la réfection ou à la destruction de ces grandes voies de communication.

On s'était peu ému en France du rôle que les voies ferrées paraissaient destinées à jouer dans les guerres futures, mais on s'en était au contraire beaucoup préoccupé en Allemagne, et la campagne de Bohême devait nous montrer quel parti la Prusse était capable de tirer de ces ressources nouvelles. Ce ne fut cependant qu'en 1869 qu'on se décida à réunir une commission chargée d'étudier la question, et, vous le savez, cette commission ne parvint pas à s'entendre sur la question qui lui était soumise, et soit incompétence technique, soit manque d'autorité pour trancher les questions douteuses et annuler les résistances que pouvaient opposer certains services intéressés, elle n'arriva à produire que le petit règlement que vous savez sur l'embarquement des troupes.

Elle n'avait donc résolu qu'un des plus minces détails de la question, elle n'avait jeté les bases d'aucune organisation générale, et ses décisions semblaient reléguer l'emploi des chemins de fer à la guerre au rang tout à fait secondaire d'un moyen de transport quelconque.

Un essai timide d'organisation militaire avait lieu, il est vrai, en même temps, mais cet essai portait encore sur le détail, et si l'on pouvait au début de la guerre mettre à la disposition des armées trois compagnies du génie, dont le personnel pouvait fournir quelques travailleurs instruits, quelques conducteurs à la rigueur suffisants, rien n'avait été prévu pour donner à ce faible personnel une direction, pour coordonner les efforts, pour assurer un service de guerre sérieux.

Vous savez qu'en fait, la guerre nous a trouvés, sous ce rapport, fort dépourvus, et que l'emploi des chemins de fer a été une véritable improvisation, qui malheureusement a eu les inévitables défauts de toute improvisation devant l'ennemi.

Dépense énorme de dévouements souvent héroïques, hors de proportion avec les faibles résultats obtenus; activité inutile et désordre complet; pertes de temps, de force et de ressources de toute nature.

Encore faut-il ajouter que les résultats de ces défauts d'organisation ont été moins sensibles, par suite du caractère défensif des opérations dès le début des hostilités, et que dans une marche offensive nous eussions peut-être senti plus vivement encore l'insuffisance de notre préparation.

La constitution même des forces militaires de toutes les puissances européennes est telle qu'à l'avenir les armées seront considérables, et, pour ces immenses armées, les voies ferrées s'imposent comme lignes d'opérations (1).

Il faut, en effet, pourvoir aux besoins de ces masses armées, et l'on doit reconnaître que, sans voies ferrées, les difficultés sont grandes.

Un train de chemin de fer transporte en une heure, à une étape de distance, le chargement d'une colonne de deux cents voitures au minimum; d'un autre côté, le ravitaillement d'une armée de cent cinquante mille hommes exigerait, pour une seule journée de vivres, trois trains complets, et, pour le remplacement de la moitié de ses munitions, quatre autres trains, sans compter les remplacements en matériel et en équipements.

---

(1) Dans la conférence faite à la Société militaire de Berlin, le général-major prince Hohenlohe Ingelfingen pose comme une nécessité absolue pour le siège d'une grande place que le point d'attaque soit près d'une voie ferrée.   (*Revue militaire de l'Etranger* du 16 juin 1872.)

Il est donc facile de concevoir quel immense embarras constituerait pour une armée la nécessité d'avoir en arrière d'elle d'immenses colonnes de voitures, formant, par relais successifs de 1,000 voitures environ, une sorte de chaîne continue entre sa base et le théâtre des opérations. Quels soucis créerait la garde de semblables impédimenta ; quelle dissémination de forces exigerait la surveillance continue de pareils convois, et combien la condition de cette armée serait précaire, avec toutes les chances d'accidents et de retards qui se multiplieraient d'autant plus qu'elle s'éloignerait davantage du point de départ de ses ravitaillements, et que les routes, par un usage répété, deviendraient moins praticables.

Je sais bien que, par la pratique du cantonnement et l'exploitation des ressources locales, l'armée peut diminuer les ressources en vivres qu'elle doit tirer de ses convois, mais il ne faut pas perdre de vue que l'exploitation des ressources locales cesse d'être possible dès que l'armée séjourne et que le contact de l'ennemi l'oblige à resserrer la zone de son occupation.

En outre, les nécessités, comme munitions, équipements, rechanges de toute nature, restent en toute occasion les mêmes.

Mais ce n'est pas tout ; car si les engins qu'une armée en opération traîne à sa suite sont disposés de manière à avoir la mobilité nécessaire, il n'en est pas de même du matériel que nécessite un siége, et les voies ferrées seules peuvent permettre de faire arriver tous ces engins, dont le poids, non décomposable, excède le poids que les voitures peuvent transporter sur les routes ordinaires, et l'impossibilité où se trouvèrent les Prussiens d'amener devant Paris les pièces de gros calibre, tant que le libre usage des chemins de fer leur fut interdit, est on ne peut plus instructive à cet égard ; nous savons ce qu'il faut penser des dépêches allemandes qui at-

tribuaient aux sentiments d'humanité de l'empereur le retard apporté au bombardement de Paris, car ces scrupules
disparurent subitement le jour où la voie de raccordement,
contournant le tunnel de Nanteuil, permit d'amener le matériel de siége jusqu'à Lagny.

Depuis ce moment, d'ailleurs, et malgré les efforts considérables des armées allemandes pour rassembler les voitures
nécessaires, il fallut un temps assez long pour compléter les
transports et assurer l'approvisionnement régulier des 275 pièces formant l'armement des batteries de siége, et l'on dut
faire venir d'Allemagne 1,750 voitures du train régulier.

Ce n'est donc pas une exagération d'affirmer qu'avec les
armées modernes *les voies ferrées s'imposent comme lignes
d'opération.*

Emploi militaire des chemins de fer — Concentration
Exploitation

Examinons maintenant l'emploi des chemins de fer dans
les différentes circonstances de guerre.

Il faut dans cet emploi distinguer deux périodes : la première est la *période de mobilisation et de concentration, période de crise,* commune à l'offensive et à la défensive ; la
seconde est la *période d'exploitation.*

1re PÉRIODE. — CONCENTRATION. — La première opération militaire, la plus importante peut-être, et celle pendant laquelle
les chemins de fer sont appelés à jouer un rôle prépondé-
rant, est celle de la concentration ; car aujourd'hui plus que
jamais la réunion rapide des moyens d'attaque ou de défense
s'impose comme l'un des principaux éléments de succès d'une
campagne.

Assurer la concentration rapide des forces doit donc être

pour le commandement une préoccupation de premier ordre, et, pour obtenir dans une semblable opération toute la célérité et la régularité désirables, il est indispensable que les mesures soient étudiées et arrêtées à l'avance, et que les plans de marche soient préparés pour chaque corps d'armée.

Si l'on suppose que les différents corps soient à peu près uniformément répartis sur le territoire, les uns, ceux qui seront les plus rapprochés des points de rassemblement, devront se rendre à destination par étapes, tandis que les plus éloignés auront recours aux voies ferrées soit pour la totalité du parcours à faire, soit pour une partie seulement de ce parcours, le reste devant se faire par étapes; mais à chaque corps d'armée devront être assignés la voie à suivre, l'ordre d'embarquement, les haltes, etc.

En jetant un coup d'œil sur le système général de nos voies ferrées, on remarque que la plupart de nos grandes lignes convergent vers Paris, de telle sorte que, dans une concentration vers l'est ou le sud-est, par exemple, les corps d'armée de l'ouest seraient forcés de passer par Paris.

On comprend facilement que de ce fait pourrait résulter un encombrement fâcheux à tous les points de vue, et que, pour atténuer les effets de cette convergence, il serait important de créer un certain nombre de voies circulaires, comme la grande ceinture actuellement en projet, ou la voie circulaire de Châlons-sur-Marne à Orléans, prolongée dans l'ouest; mais ce n'est qu'en étudiant les dispositions à prendre dans diverses hypothèses qu'on pourra reconnaître certainement les parties insuffisantes du système actuel, et déterminer nettement les améliorations qu'il conviendrait d'y introduire.

Limites d'emploi. Pour avoir une idée nette de l'étendue des services qu'on est en droit d'attendre des chemins de fer, comme moyen de transport rapide des troupes, il importe d'indiquer quelques-unes des données techniques de leur emploi ; car dans une certaine partie du public, et peut-être même de l'armée, on est trop disposé à considérer comme pour ainsi dire illimitées les ressources qu'ils sont capables de procurer.

D'abord, et en supposant les conditions les plus favorables, c'est-à-dire qu'on dispose d'une ligne à double voie et d'un matériel suffisant pour la composition de tous les trains nécessaires, on ne peut guère compter, pour un mouvement de quelque durée, sur un intervalle de moins d'une heure entre deux trains successifs, cet intervalle étant nécessaire à la sécurité des mouvements et à l'organisation des haltes indispensables dans un long parcours.

Quant à l'embarquement et au débarquement, ils doivent pouvoir s'effectuer sans interrompre le mouvement général, et l'on doit utiliser à cet effet soit les voies latérales des grandes gares, soit des *dédarcadères échelonnés*, soit des garages spéciaux.

Or le transport d'un régiment d'infanterie exige (pour 3 bataillons). . . . . 3 trains.

Celui d'un régiment de cavalerie . . . . 4 —

Celui d'une division d'infanterie. . . . . 21 —

Celui d'un corps d'armée à 2 divis. d'infanterie et 1 divis. de cavalerie. . . . . } 84 —

Celui d'un corps d'armée à 3 divis. d'infanterie et 1 divis. de cavalerie. . . . . } 104 —

Celui d'une armée à 4 corps d'armée, dont 2 à 2 divis. d'infanterie et 2 à 3 divis. . . . . . . } 457 —

Si l'on prend pour exemple un parcours de 20 heures, on peut voir que la durée totale du mouvement (égale à la durée d'un trajet augmentée de l'intervalle entre deux trains successifs répété autant de fois qu'il y a de trains, moins un) exigerait pour les unités précédentes :

Pour un régiment d'infanterie . . . .   22 heures.
—   —   de cavalerie. . . .   23   —
—   une division d'infanterie. . . .   40 h. ou   1 j. 16 h.
—   un corps d'armée à 2 divis. . . 103 h. ou   4 j.   7 h.
—   —   à 3 divis. . . 123 h. ou   5 j.   3 h.
—   une armée à 4 corps d'armée. . 476 h. ou 19 j. 10 h.

Les données qui précèdent permettent de tirer deux conclusions importantes.

La première, c'est que les services que peuvent rendre les voies ferrées comme moyen de transport rapide sont limités, et qu'on n'aura avantage à les employer que lorsque le nombre de jours qu'exigerait le transport par voie ferrée sera inférieur au nombre d'étapes que cette troupe pourrait fournir à pied dans le même temps.

Ainsi un corps d'armée à deux divisions arrivera plus vite à destination à pied qu'en chemin de fer si la distance à parcourir est inférieure à quatre étapes ; une armée à quatre corps d'armée, si cette distance est inférieure à vingt étapes, surtout si l'on tient compte des pertes de temps que nécessitent la préparation du mouvement et les embarquements.

Il est bon même d'ajouter, selon la remarque judicieuse de *von Hannecken*, que chaque étape faite à pied par un corps constitué est une véritable préparation à la guerre, tandis que tout transport en chemin de fer est défavorable au point de vue de la discipline et de la cohésion des troupes.

On voit encore que pour faire le plus judicieux emploi des chemins de fer, il conviendra le plus souvent, pour des rassemblements nombreux, de combiner les deux moyens de transport, et que la concentration la plus rapide de forces disséminées sur une grande surface ne s'obtiendra qu'en usant à la fois et des chemins de fer et des lignes d'étapes ordinaires.

La seconde conclusion qui ressort des chiffres précédents, c'est qu'il est d'une extrême importance de pouvoir affecter au transport d'une armée nombreuse plusieurs lignes de chemins de fer, et qu'une concentration ne pourrait en réalité être obtenue rapidement si l'on ne disposait que d'une seule ligne par armée, avec l'obligation d'en transporter tous les corps par voie ferrée.

Je vous ai dit que les calculs qui précèdent répondaient au cas le plus favorable.

Une foule de circonstances en effet peuvent restreindre considérablement le *rendement* des lignes dont on dispose; je ne ferai qu'énumérer ici les principales.

En premier lieu, on peut avoir sur le parcours des lignes ou des portions de lignes à *une seule voie :* dans le premier cas, le nombre des trains circulant par jour peut être réduit de moitié, quelquefois même dans une plus forte proportion; dans le second cas, l'intervalle entre deux trains successifs est augmenté, ce qui revient encore à une diminution sur le chiffre des trains à expédier par jour.

En second lieu, on peut avoir insuffisance de matériel pour assurer la continuité du service; ainsi, dans l'exemple choisi, qui suppose que le transport à effectuer avait une durée totale de vingt heures, il ne faudrait pas disposer, pour un mouvement régulier, de moins de cinquante trains complets, avec les relais de locomotives sur le parcours.

En troisième lieu, on peut avoir insuffisance d'approvisionnement soit en *combustible*, soit en *eau*.

Enfin on n'a fait figurer dans le calcul aucun train d'approvisionnement, et il est douteux qu'on puisse organiser complétement le service des subsistances, aux points de concentration, sans avoir à emprunter la voie parcourue par les troupes au moins sur une partie de son étendue, pour faire affluer aux points de rassemblement les approvisionnements nécessaires.

En résumé, nous pouvons dire que c'est l'emploi complet de toutes les ressources possibles qui caractérise la période de crise, et il est facile de concevoir que pour assurer l'ordre dans des trains si nombreux, leur succession régulière, leur sécurité dans la marche, leur retour en temps utile, leur chargement méthodique, leur déchargement rapide, il faut que toutes choses soient prévues, préparées et confiées à des hommes compétents; mais ce n'est pas encore assez d'avoir un personnel organisé, instruit, sur lequel on peut compter : la rapidité des premières concentrations doit avoir sur les débuts d'une campagne une influence si prépondérante qu'on doit éviter tout faux mouvement de personnel ou de matériel, et que, pour obtenir des moyens de transport dont on dispose le *rendement maximum*, il faut avoir à l'avance des plans de mobilisation et de concentration étudiés, arrêtés dans les moindres détails et parfaitement connus des principaux agents qui devraient concourir, en cas de guerre, à leur réalisation.

2° PÉRIODE. — EXPLOITATION MILITAIRE. — Dans la seconde période, période d'exploitation militaire, les exigences du transport sont relativement bien plus restreintes : il ne s'agit plus de pourvoir au transport rapide des troupes, mais d'assurer le fonctionnement régulier du service des approvisionnements; la plus sévère surveillance, l'organisation la plus complète et la plus simple permettent seules d'atteindre sûrement le but qu'on se propose, surtout si l'on désire ne pas absorber complétement les voies employées, et qu'on cherche à apporter aux mouvements commerciaux le moin-

dre trouble possible, ce qui peut être nécessaire particulièrement sur le territoire national.

Dans cette seconde période, il faut distinguer l'offensive et
la défensive, car on ne peut, dans ces deux cas, ni compter
sur les mêmes ressources ni recourir aux mêmes procédés.

Plaçons-nous d'abord au point de vue défensif.

Les armées défensives, opérant dans leur propre pays,
sont assurées en général d'avoir la libre disposition de tout
le réseau des voies ferrées en arrière des positions qu'elles
occupent ; elles peuvent donc appliquer à l'exploitation des
voies ferrées, pour leurs ravitaillements, une méthode ration-
nelle, et l'appliquer dans toute sa rigueur.

Vous avez entendu exposer dans une des conférences précédentes comment on avait opéré dans les armées de la
Loire, et comment, malgré les circonstances si défavorables
dans lesquelles on se trouvait, malgré l'inexpérience d'un
personnel le plus souvent improvisé, on avait obtenu, par
l'échelonnement méthodique des ressources, des résultats
excellents.

Il me suffira ici de rappeler les points principaux de la
méthode :

En arrière des corps d'armée en opération, et le plus près
possible de ces corps, c'est-à-dire à une étape environ, se
trouve une première base de ravitaillement formée de trains
chargés de vivres, que les troupes doivent journellement
consommer et que les voitures du convoi roulant de chaque
corps viennent chercher aux points de stationnement in-
diqués.

Ces trains doivent être aussi réduits que possible, n'avoir
environ que deux journées de vivres, qu'ils remplacent au
fur et à mesure des consommations, et être toujours prêts
à conformer leur mouvement à celui des troupes qu'ils

desservent, dès que l'état-major leur en transmet l'ordre.

Il est avantageux de fractionner autant que possible les trains de cette première base de ravitaillement, afin de pouvoir utiliser pour le garage et les distributions les plus petites gares et d'éviter les encombrements et les retards que ces encombrements apporteraient aux distributions ; on devra donc faire tous ses efforts pour affecter *à chaque corps d'armée* un point distinct pour sa première base de ravitaillement; on ne devra jamais admettre que le même point soit commun à plus de deux corps d'armée, et plutôt que de dépasser ce chiffre, il vaudrait mieux, si l'on ne dispose que d'une seule voie ferrée, échelonner sur cette voie les lieux de distribution, quitte à imposer aux équipages de certains corps d'armée un chemin un peu plus long à faire.

A une distance variable, mais comprise entre cinquante et cent kilomètres, par exemple, de la première base, se trouve une seconde base d'approvisionnement, formant le grand magasin mobile de l'armée.

Ce magasin, devant être prêt à remplacer, au premier ordre reçu, les denrées distribuées, et à conformer son mouvement à celui de l'armée, est composé d'un certain nombre de trains tout formés et tout chargés ; il n'a qu'éventuellement des trains de munitions, de matériel ou d'équipements ; lorsque le commandement présume qu'il aura à pourvoir à des remplacements de cette nature, des trains spéciaux sont demandés par le télégraphe au dépôt sédentaire.

Quant aux subsistances, le magasin roulant doit être approvisionné pour un nombre de jours fixé par l'ordre du commandement, et maintenir au complet ses approvisionnements au fur et à mesure qu'il a expédié à la première base les trains nécessaires aux consommations journalières.

Enfin une troisième base d'approvisionnements, comprenant les magasins sédentaires de l'armée d'opération, est placée en arrière et à une distance variable.

Ces magasins, qui sont installés dans une des stations importantes de la voie ferrée, ne sont pas sur roues : les denrées, le matériel, sont déchargés, et ces grands magasins ne sont changés que rarement, et seulement lorsque leur proximité de l'ennemi rend leur situation dangereuse ou lorsque les progrès de l'armée qui en tire ses approvisionnements ont accru dans une trop forte mesure la distance qui les sépare.

Ainsi, autant que possible, la distance entre la deuxième et la troisième base, c'est-à-dire entre le magasin roulant et le magasin sédentaire, ne devrait pas exiger plus de cinq à sept heures de trajet pour les trains de ravitaillement, ce qui suppose une distance de cent vingt cinq à cent soixante-quinze kilomètres.

Pour qu'une semblable organisation donne réellement tous les résultats qu'on est en droit d'en attendre, il faut que les mesures administratives et militaires soient coordonnées, que le service des lignes et le service d'étapes soient placés sous une même direction, et qu'un personnel suffisant donne aux commandants militaires de ces stations successives d'approvisionnement les moyens de surveiller, d'entretenir, de réparer les voies exploitées, et de charger et décharger rapidement les trains à recevoir ou à expédier.

Définition du rayon militaire

Il faut aussi que le rayon de l'action militaire soit exactement défini.

Nous avons dit qu'en arrière de l'armée en opération, le service d'exploitation pouvait ne pas absorber complétement les voies ferrées, et que des trains ordinaires pouvaient continuer à parcourir ces voies pour les besoins du commerce et de l'industrie; il y a évidemment intérêt à apporter le moins de trouble possible aux transactions commerciales, utiles à l'armée elle-même, mais il faut éviter toute confusion; on pourrait donc admettre que l'action militaire commençât à la troisième base d'approvisionnement. Jusque-là les administrations régulières fonctionneraient par le soin des compagnies. Au delà tous les mouvements devraient être sous la direction absolue des commissions militaires de lignes, ces commissions ayant à régler le mouvement des trains de toute nature, et contrôlant toutes les expéditions à faire en avant.

Faute d'avoir défini la zone d'action militaire, et pour avoir laissé subsister concurremment l'administration civile et l'administration militaire, sans lien commun, on n'a pu, au moment de l'évacuation du Mans, faire donner en temps utile les ordres de refoulement pour les wagons appartenant au commerce, et les Allemands ont saisi des wagons qui ne contenaient aucun approvisionnement militaire, et qu'ils ont trouvé commode de considérer comme appartenant à l'armée. Ce fait ne se serait point produit si un seul chef militaire, responsable de tout le mouvement, s'était préoccupé des approvisionnements du commerce et avait pu donner les ordres de refoulement d'une manière générale.

Nous avons esquissé la méthode qui doit présider à un emploi régulier des voies ferrées, donnons les chiffres principaux qui représenteraient, pour une armée de 150,000 hommes et 30,000 chevaux les nécessités de l'exploitation :

L'approvisionnement en subsistances pour
    deux jours exige. . . . .   70 wag.
L'approvisionnement en avoine. . . . .   60 —
(Le foin et la paille sont supposés pris sur place.)

          Total. . . . .   130 wag.

On a donc besoin de cinq trains pour le service de la première base.

On peut admettre les mêmes quantités pour la deuxième base ; le service du magasin mobile de l'armée comporterait donc également cinq trains.

Quant à la troisième base, il suffit qu'elle ait la possibilité de fournir aux remplacements journaliers, c'est-à-dire qu'elle puisse disposer normalement de trois trains complets.

Nécessités éventuelles

Ces chiffres représentent les nécessités permanentes.

Quant aux nécessités éventuelles, elles sont relatives aux approvisionnements en munitions, matériel, équipements, etc.

Or, l'approvisionnement de munitions pour une armée de 150,000 hommes exigerait :

Pour les munitions d'infanterie, à 75 cartouches par homme, deux trains ;

Pour les munitions d'artillerie (demi-approvisionnement), 130 cartouches par pièce de 4, deux trains ;

L'approvisionnement complet serait : 276 cartouches par pièce de 4 ; 129 cartouches par pièce de 12.

Mais il est clair que, même après une grande bataille, il s'en faut de beaucoup qu'on ait à refaire un approvisionnement aussi considérable, de sorte qu'on peut dire qu'avec deux trains prêts à être expédiés de la troisième base sur la première, on sera, en général, en mesure de parer à toutes les éventualités.

Les chiffres publiés récemment par l'état-major prussien sont très-instructifs sous ce rapport, et l'on peut reconnaître que si quelque fraction d'un corps d'armée épuise ses muni-

tions un jour de bataille, le nombre total des cartouches brû-
lées est loin d'être aussi considérable qu'on est porté à se le
figurer généralement, puisque, sur la totalité des batteries allemandes mobilisées, les pièces n'ont tiré en moyenne que
205 coups chacune.

On n'aura donc, en général, à pourvoir qu'à un approvisionnement partiel et peu considérable.

Enfin le service d'expédition d'objets d'équipement, d'ha-
billement, de rechange de matériel, service éminemment
accidentel et intermittent, n'exigera qu'un nombre de trains
très-limité.

Service des évacuations

Mais, à côté de ces *services positifs*, si je puis m'exprimer
ainsi, il est un service en quelque sorte *négatif* dont l'importance vous a été admirablement exposée dans la précé-
dente conférence, c'est le service des évacuations; service
qui représente non-seulement le transport intermittent et accidentel des blessés, dont le nombre est si considérable après
toute action importante, mais aussi le transport journalier
de ces trop nombreux malades dont les armées voient sans
cesse s'encombrer les ambulances, et qu'il est si important de
renvoyer le plus loin possible du théâtre des opérations, aussi
bien dans l'intérêt des hommes à traiter que dans celui de
l'armée elle-même.

Pour ceux qu'on appelle les petits malades, pour les blessés dont le transport n'exige pas de soins particuliers, les
trains d'approvisionnement de la première base peuvent suffire à leur évacuation, puisqu'ils reviennent à vide sur la
deuxième ou la troisième base; mais pour les maladies gra-
ves, pour les blessures dangereuses, il faut absolument que

l'on ait, par chaque armée au moins, un ou deux trains spéciaux, aménagés à peu près comme ceux que les Prussiens
et surtout les Bavarois ont employés pendant la dernière
guerre.

L'exposé sommaire qui précède vous permet, messieurs,
d'apprécier nettement l'étendue des services qu'une armée
défensive doit attendre des voies ferrées, et vous voyez qu'a-
vec un service bien organisé et fonctionnant régulièrement,
les six ou sept trains journaliers qui doivent suffire à ses besoins n'absorbent pas complétement la ligne, surtout si l'on
dispose d'une ligne à double voie, et que l'on pourra laisser
une place suffisante à l'exploitation civile et aux besoins
commerciaux, sauf peut-être à proximité de l'armée elle-
même ; l'inconvénient est d'ailleurs peu considérable, puisque,
dans la zone même occupée par les armées, toute activité
commerciale ou industrielle est forcément arrêtée.

Nécessité d'interdire à l'ennemi l'usage des voies ferrées

En appréciant les services que les voies ferrées rendent
à l'armée défensive, on est tout naturellement amené à considérer comme une nécessité de premier ordre d'interdire à
l'ennemi l'usage de pareilles ressources, et nous devons dire
un mot de la défense et de l'interdiction des voies ferrées,
puisque c'est le complément et en quelque sorte le corollaire
de l'emploi militaire des chemins de fer, lorsqu'on se place
au point de vue des opérations d'une armée défensive.

Corps mobiles pour la surveillance des voies

S'il s'agit seulement de protéger les voies contre les incur-
sions de partis isolés, de reconnaissances de cavalerie, de

raids, comme ceux dont la guerre d'Amérique nous offre de si remarquables exemples, il suffit d'avoir, le long des voies exploitées, de petits corps mobiles, se maintenant en relation avec les commandements militaires d'étapes, dont une des attributions est d'assurer la sécurité de la voie, et cette surveillance rentre dans la série des mesures que toute armée doit prendre pour assurer ses lignes d'opération.

Mais si l'armée défensive est obligée à la retraite, elle doit faire tous ses efforts pour interdire à l'ennemi l'exploitation des voies en avant; or, pour obtenir cette interdiction, il y a deux procédés : l'un *actif*, qui consiste à avoir aux nœuds importants et en des points convenablement choisis, des postes fortifiés, solidement établis, capables d'une sérieuse résistance, mais peu étendus, afin de n'immobiliser qu'un nombre peu considérable de troupes; l'autre *passif*, qui consiste à détruire certaines portions de voies, de manière à les rendre, pour un temps plus ou moins long, incapables de servir. En parlant de points convenablement choisis, nous voulons dire que les établissements à créer doivent être tellement placés que l'ennemi ne puisse éviter l'obstacle par des voies de raccordement qu'en recourant à des travaux longs et difficiles, et que le poste fortifié doit commander un *passage obligé*.

Le système d'interdiction active exigerait, pour être complet, que la défense disposât au moins d'un poste de cette nature par chaque *voie pénétrante*, et quelquefois de deux sur celles de ces voies qui paraissent particulièrement menaçantes, ou sur lesquelles de nombreux embranchements pourraient faciliter à l'ennemi l'établissement de raccordements latéraux.

Quoiqu'on puisse être effrayé à première vue du nombre de postes dont les voies ferrées, actuellement si nombreuses en France, exigeraient la création, il convient de remarquer que, parmi les places fortes existantes, la plupart commandent déjà les voies principales et peuvent satisfaire jusqu'à un certain point aux exigences de la défense sous ce rapport ; de sorte que les créations nécessaires seraient, en réalité, peu nombreuses.

Pour le second procédé, il ne faut évidemment y avoir recours que le moins possible, puisqu'il entraîne pour la défense des dépenses considérables, lorsque les destructions ont lieu sur le territoire national ; et quand on juge à propos de l'employer, il faut que son effet soit certain, c'est-à-dire que les destructions s'opposent à toute exploitation de l'ennemi pour un temps *suffisant*, et exigent de sa part des travaux considérables.

La suppression de grands remblais, le comblement de tranchées profondes, la destruction d'ouvrages d'art importants, ponts, viaducs ou tunnels, permettent d'obtenir le résultat désiré, lorsque ces destructions sont judicieusement faites ; mais là encore il faut qu'une étude sérieuse de la voie à interdire et de ses ressources vous ait mis à même de reconnaître exactement quelles difficultés résulteront pour l'ennemi des travaux de réfection qu'il aura à entreprendre.

En général, l'enlèvement des voies, la rupture des ponceaux, celle des ponts même, ne causera à l'ennemi que des retards peu importants ; ainsi, dans la campagne de 1866, il n'a fallu que quatorze jours à l'armée prussienne pour remettre en état la grande ligne de Turnau à Kralup-Pardubitz en Bohême, malgré la rupture de cinq ponts, dont l'un, sur l'Elbe, présentait une arche de 20 mètres.

Au contraire, la destruction du tunnel de Nanteuil a empêché les Allemands de dépasser Nogent-l'Artaud depuis le 28 septembre jusqu'au 23 novembre, soit près de deux mois. Mais cette destruction de tunnels est fort grave, puisqu'elle pourrait paralyser les mouvements offensifs de l'armée défensive, et si l'on pouvait arriver à les défendre, il serait souvent préférable de les conserver; dans tous les cas, si l'on se décide à les détruire, il faut que cette destruction soit sérieusement faite.

Ce qui ressort des considérations qui précèdent, c'est que le commandement doit avoir sur toutes les voies ferrées les renseignements les plus précis ; que des études doivent être faites sur la nature et l'étendue des travaux à exécuter, tant pour leur défense que pour leur destruction, et qu'en considération de l'importance extrême qu'on y doit attacher, rien, sous ce rapport, ne doit être laissé à l'imprévu.

Offensive

Considérons maintenant le rôle des chemins de fer dans les opérations offensives.

En pareil cas, les conditions d'emploi sont tout autres.

En effet, une armée entrant sur le territoire ennemi doit s'attendre à trouver les lignes ou partiellement bouleversées, ou sérieusement interrompues par la destruction d'ouvrages d'art importants.

En outre, si des marches rapides lui permettent de se rendre maîtresse de certaines sections qu'elle pourrait utiliser pour ses ravitaillements, elle pourra trouver ces voies dépourvues de tout matériel, et l'impossibilité de faire venir son propre matériel, par suite des interruptions opérées près de la frontière, la mettra dans l'impossibilité de tirer parti des sections restées intactes.

Au début de la guerre, les Prussiens avaient pris leurs précautions sous ce rapport.

Dès le 22 juillet, ils n'hésitaient pas à faire sauter le pont de Kehl, à détruire une partie des voies aux abords de Rastadt, et tout le matériel des chemins de fer de Trèves à Luxembourg, de Saarbruck à Sarreguemines et à Bingerbrück, c'est-à-dire 60 locomotives et plus de 2000 wagons, étaient emmenés sur la rive droite du Rhin.

En même temps, un petit corps de volontaires, pris dans le 7e régiment de uhlans venait dans la nuit du 23 détruire le viaduc situé entre Haguenau et Sarreguemines.

Ainsi, dans une marche offensive, il faut s'attendre à trouver des interruptions à l'origine des voies principales, et des sections de voies privées de tout matériel ou pourvues d'un matériel insuffisant.

Comme aucune organisation n'existait en France et qu'aucune disposition n'avait été prise pour le rétablissement rapide des ouvrages d'art détruits sur le territoire ennemi, il est probable que dans un mouvement offensif, nos armées auraient été longtemps privées de l'usage des voies ferrées, et qu'elles auraient trouvé dans cette privation un obstacle d'autant plus sérieux à leurs progrès que nous n'avions pas, pour y suppléer, un service d'étapes fortement organisé, et que nos services administratifs étaient dénués des moyens d'action qui permettent de se passer du ravitaillement. Or, c'est dans l'offensive surtout que ces deux services doivent être combinés de manière non-seulement à se compléter et à se prêter un mutuel concours, mais même à pouvoir sans à coup, sans confusion, se substituer l'un à l'autre.

En effet, non-seulement le service ordinaire d'étapes est seul appelé à fonctionner tant que les voies en arrière n'ont pas été rétablies, tant qu'on n'a pu faire arriver le matériel nécessaire ou réparé le matériel endommagé par l'ennemi, mais il faut compter que des circonstances de guerre, des tentatives heureuses de l'adversaire vous infligeront de temps à autre des interruptions momentanées dans votre service normal d'exploitation, et tout doit être combiné pour parer à des éventualités de ce genre.

Ce qui ressort des considérations qui précèdent, c'est que toute armée qui prend l'offensive doit se préoccuper des chemins de fer existants sur le territoire ennemi; que des reconnaissances hardies doivent tenter souvent d'occuper quelque nœud important, de prévenir la destruction d'ouvrages d'art capables de produire de longues interruptions, et surtout d'empêcher le refoulement du matériel et de s'emparer des wagons et des locomotives nécessaires à l'exploitation.

Dans d'autres circonstances, les partis envoyés en avant ou sur les flancs de l'armée, n'auront au contraire pour mission que de détruire le plus complétement possible certaines voies dont l'attaque entend ne pas se servir, mais qu'elle ne veut pas laisser à la défense la possibilité d'utiliser.

C'est ainsi qu'ont procédé les armées allemandes, car l'emploi qu'elles ont su faire de nos lignes peut nous offrir des modèles à étudier et des exemples à suivre.

C'est par des pointes hardies et en envoyant leurs éclaireurs interrompre les voies à grande distance, que les armées allemandes purent se procurer dès l'entrée en campagne le matériel nécessaire à l'exploitation militaire de nos voies ferrées.

Le 7 août, les lignes de Wissembourg à Haguenau et à Forbach étaient en leur pouvoir, et plusieurs trains chargés d'approvisionnements n'ayant pu suivre le mouvement de retraite de l'armée française, furent immédiatement employés par les vainqueurs à l'évacuation de leurs blessés.

Le 14, le nœud de Frouard était occupé et tout le matériel enfermé à Metz était désormais perdu pour la défense et devait fournir plus tard à l'ennemi, comme moyen de transport, un précieux appoint.

Quelques jours plus tard, une destruction faite avec beaucoup de hardiesse entre Châlons et Paris, fit encore tomber entre leurs mains 88 voitures.

A Sedan, le vainqueur trouva 7 locomotives et quelques wagons; à Strasbourg, 50 locomotives et un grand nombre de wagons.

Ainsi le matériel ne leur manquait pas; mais en outre, comme l'armée française, dans sa retraite, avait négligé d'abord de détruire les voies abandonnées, les trains prussiens purent arriver en même temps que l'armée jusqu'à *Lunéville*, de sorte que l'armée d'invasion eut, dès le début des opérations, sa tête d'étapes par voies ferrées sur notre territoire, et cette tête d'étapes put être portée à *Nancy* dès le 22 août.

Dans le Nord, au contraire, les Prussiens, voulant se tenir sur la défensive, eurent soin, tandis qu'ils faisaient travailler activement aux voies d'*Amiens à Rouen*, d'*Amiens à Creil*, *Senlis* et *Crépy*, de *Laon à la Fère*, de faire sauter le viaduc d'*Albert* pour assurer une longue interruption de la voie d'*Arras à Amiens*.

Il est difficile de donner pour le cas de l'offensive des règles absolues pour l'exploitation des voies ferrées, puisque l'on est obligé, dans chaque cas particulier, de tirer parti des circonstances diverses qui résultent de la conduite même de l'ennemi, et de faire *de son mieux*; on peut dire seulement que le but à atteindre est de se rapprocher autant que possible des conditions d'exploitation que nous avons indiquées pour une armée défensive, et de suppléer à l'absence des voies dont on n'a pas la disposition par des convois organisés au moyen de voitures de réquisition. Nous verrons tout à l'heure, par un exposé rapide des opérations des armées allemandes en 1870, comment elles ont su tirer parti des ressources de toute nature que la défense avait laissées entre leurs mains; mais nous pouvons, dès à présent et d'une manière générale, indiquer les moyens que toute armée offensive doit employer pour assurer le parcours de ses trains sur la plus grande étendue possible des voies ferrées.

Comme nous l'avons dit précédemment, les interruptions de voies peuvent être de deux natures : *interruption par destruction, interruption par occupation.*

Dans le premier cas, les sections spéciales, aidées par des ouvriers civils et par les ingénieurs des chemins de fer, travaillent à réparer le plus rapidement possible les dommages causés, et, comme la plus grande difficulté tient aux réparations de ponts ou de viaducs, l'administration militaire doit, dans la prévision d'une campagne et comme préparation à la guerre, faire rassembler les matériaux nécessaires pour opérer ces réfections dans le plus bref délai.

Dans le second cas, si l'ouvrage interdisant la voie offre une résistance sérieuse et que l'armée craigne que la prise de cet ouvrage n'exige un temps considérable ou de grands efforts, ou s'il s'agit de la rupture d'un tunnel dont la réparation soit très-difficile, les sections de chemins de fer doivent entreprendre immédiatement la construction de voies de raccordement qui leur permettent de tourner l'obstacle.

L'armée allemande a eu également recours à ces deux procédés dans la dernière campagne.

De grands travaux de réparation ont été rapidement exécutés sur la ligne d'Épinal, où plusieurs grands travaux d'art avaient été détruits : le pont sur le Chiers, à Montmédy, a été reconstruit, et sur toutes les voies exploitées de nombreux ponts ont dû être rétablis : sur la Loire, l'Yonne, la Marne et la Seine ; le pont de Fontenoy, dont la destruction attira sur les habitants inoffensifs de si terribles représailles, fut remis en état avec une rapidité remarquable.

Quant au second procédé, les Allemands, prévoyant que la place de Metz ferait une longue résistance, entreprirent dès le début de l'investissement de cette ville, une voie de raccordement qui allait de Remilly à Pont-à-Mousson.

Ce grand travail, entrepris dès le 18 août, fut terminé le 27 septembre, par deux sections de chemins de fer assistées de près de 3000 ouvriers mineurs de Saarbruck ; il comportait une longueur totale de voie de 37 kilomètres, deux viaducs en charpente, dont l'un avait 165 mètres de long, et deux ponts, l'un sur la Seille, de 16 mètres, et l'autre de 93 mètres, sur la Moselle, sans parler des importants terrassements que nécessita l'installation de la voie dans une partie de son parcours.

De même, lorsqu'on vit que la place de Toul s'apprêtait à résister, on entreprit la construction d'une nouvelle voie de raccordement qui devait tourner la place et conduire directement de Fontenoy à Commercy.

Cette voie, qui ne devait pas avoir moins de 30 kilomètres de développement, ne fut pas achevée, la capitulation de Toul (23 septembre) ayant permis d'ouvrir l'exploitation sur la voie Nancy-Château-Thierry le 28 septembre.

Enfin la destruction du tunnel de Nanteuil créait pour l'armée allemande de grandes difficultés.

Ne pouvant faire parcourir, par les voies ordinaires, à un matériel de siége le long espace qui séparait Nogent-l'Artaud de Villacoublay, les Allemands furent contraints de renoncer à entreprendre aucune opération de siége devant Paris et de se borner à un blocus ; mais quoiqu'ils fussent convaincus de l'efficacité de ce procédé, dont ils étaient loin de soupçonner les lenteurs, ils firent entreprendre immédiatement par leurs sections de chemins de fer un double travail, et tandis qu'on cherchait à rétablir la circulation par le tunnel obstrué, on étudiait en même temps une voie de raccordement qui contournait l'obstacle, voie qui fut entreprise dès qu'on reconnut les difficultés qu'offrait la réparation du tunnel, et qui fut exécutée en vingt-trois jours par la deuxième section du chemin de fer; ce fut seulement le 23 novembre que la nouvelle section fut ouverte.

Ce travail permit d'amener le matériel jusqu'à Lagny, réduisit notablement le parcours des transports sur roues destinés au ravitaillement des différents corps, et rendit possible l'armement et l'approvisionnement des batteries de siége; mais malgré la proximité relative de cette nouvelle tête d'étapes, il fallut encore près d'un mois pour réunir à Villacoublay tout le matériel nécessaire, et outre les nombreuses voitures réquisitionnées, on fit venir d'Allemagne 1,750 voitures spéciales pour assurer le service des transports entre Lagny et Villacoublay.

Ces quelques exemples sont de nature à vous faire exactement apprécier l'étendue des travaux, la grandeur des efforts de l'armée allemande pour utiliser nos chemins de fer; et cependant ils agissaient dans un pays où toute force organisée avait été détruite en quelques jours, où rien ne contrariait leur occupation, où aucune résistance sérieuse n'entravait leur action, où l'absence de préparation, le manque de direction leur avaient permis d'occuper une immense étendue de pays, de trouver des lignes intactes, un matériel considérable.

Il n'en fut pas de même dans toutes les opérations de la campagne : sur la ligne de Dreux, ils ne possédaient point de locomotives, et ils ne purent utiliser les wagons et la voie qu'en attelant des chevaux à ces wagons. Sur la ligne d'Orléans, interrompue entre Athis-Mons et Ablon, et à Juvisy ils ne pouvaient amener de locomotives, mais ils trouvèrent à Orléans quelques locomotives abandonnées par la défense et en partie détruites : et ce fut seulement avec l'une de ces locomotives, réparée à la hâte, qu'ils durent assurer le service jusqu'au 14 janvier, jour où les réparations exécutées à Juvisy permirent d'amener les approvisionnements jusqu'à

Orléans par les lignes de Blesmes-Chaumont, Châtillon, Nuits, Moret, Montargis, Juvisy.

Il n'est pas inutile maintenant de jeter un coup d'œil sur la marche de l'occupation et de l'exploitation de nos chemins de fer par l'ennemi pendant la dernière campagne ; mais je me bornerai à une simple indication, car le *Bulletin* doit publier dans l'un de ses plus prochains numéros l'excellent résumé que le capitaine *Martner* a fait à ce sujet d'après les documents qu'il a puisés dans les ouvrages allemands.

Vous avez vu précédemment que le 22 août les trains allemands circulaient librement et régulièrement jusqu'à Nancy, et qu'à partir de cette date, Nancy devint la tête de leur. service d'étapes.

C'est dans ces conditions qu'ils exécutèrent leurs opérations jusqu'à Sedan et qu'ils arrivèrent jusqu'à Paris, dont l'investissement complet eut lieu le 19 septembre.

Les ressources du pays étaient grandes, mais la position des assiégeants eût été bientôt difficile avec une pareille distance entre leur base d'approvisionnement et leur occupation. La capitulation de Toul, le 23 septembre, leur permit d'employer la grande voie *Paris-Nancy* jusqu'à l'interruption de Nanteuil, et l'inauguration de la voie de *Pont-à-Mousson à Remilly* donna un nouveau moyen d'arriver à cette voie principale.

Les gares de Châlons, Épernay, Château-Thierry furent affectées comme têtes d'étapes aux différents corps d'investissement, et un service de convois, partie obtenu par réquisitions, partie organisé avec des voitures amenées d'Allemagne , assura l'approvisionnement régulier des corps d'investissement.

A la fin d'octobre, la capitulation de Soissons permit d'employer, pour le ravitaillement des corps d'armée installés au nord de Paris, la ligne de *Reims*. En même temps, la ligne d'*Epinal*, partiellement réparée, donnait la possibilité de ravitailler le corps de Werder, qui s'avançait en Bourgogne.

On utilisait en même temps pour le service des subsistances les sections de *Paris à Mantes*, de *Paris à Dreux*, sur le chemin de l'ouest ; — sur cette dernière, on n'avait point de locomotives ; — celles d'Orléans, de Pithiviers, de Chateaudun, sur le chemin d'Orléans.

A la fin de novembre la voie de *Paris-Nancy* était exploitée jusqu'à *Lagny*. On avait rétabli la circulation régulière au nord sur les lignes de *Gonesse* à *Clermont* et de *Creil* à *Beauvais* ; à l'est, sur la grande ligne d'Alsace, jusqu'à *Mulhouse* et sur la ligne de *Blesmes* à *Chaumont*, qui dut, avec la ligne des Vosges, concourir au ravitaillement de la deuxième armée, mais qui dut surtout, pendant un temps assez long, former la tête des étapes par voie ferrée pour le ravitaillement des forces opérant sur la Loire.

Ce point de départ des étapes fut successivement *Châtillon-sur-Seine* et *Troyes*, et aucun exemple mieux que celui-là ne pourrait démontrer à la fois et la nécessité d'avoir une organisation complète du service d'étapes, et l'excellence de l'organisation prussienne, puisque le fonctionnement régulier des ravitaillements d'une armée nombreuse put être assuré pendant près de deux mois (du 7 décembre au 15 janvier) avec une base de ravitaillement par voies ferrées établie à Troyes, et distante de l'armée de 180 kilomètres.

Enfin l'occupation de Rouen le 6 décembre, la chute successive des places de Montmédy et de Mézières, la réparation des ouvrages détruits sur la ligne des Ardennes et sur celles de Lyon et d'Orléans, permit aux armées allemandes d'étendre considérablement encore l'usage de nos voies ferrées, et en jetant les yeux sur la carte où l'on a figuré le réseau de cette occupation, à la fin de la guerre, vous pouvez voir que cette occupation est d'une étendue considérable et assurait aussi parfaitement le ravitaillement de leurs armées que les communications de leurs divers corps d'opération entre eux.

Vous pouvez juger par cette étendue même, qu'on ne saurait compter, dans des opérations offensives, sur un concours aussi inespéré de circonstances favorables, et qu'on ne peut exploiter un réseau si compliqué, même avec un personnel nombreux, même avec un matériel suffisant, s'il reste sur le territoire envahi l'ombre d'une résistance organisée.

Même dans les circonstances spéciales où se trouvèrent nos vainqueurs, il leur fallut tenir compte des velléités de résistance représentées par quelques compagnies de francs tireurs, et au lieu des vingt-cinq trains qui auraient pu circuler dans l'exploitation régulière de la ligne Paris-Nancy, par exemple, les Allemands durent supprimer à peu près complétement les trains de nuit, limiter la vitesse, et réduire à douze trains environ, seize au maximum, leur mouvement journalier.

Ce mouvement fut réduit à cinq ou six pour les lignes à une seule voie, et malgré toutes ces précautions, les accidents qu'ils éprouvèrent les jetèrent dans une exaspération telle qu'elle donna lieu à cette mesure inqualifiable qui forçait des notables français à accompagner chaque train, et qui rendait la population civile responsable de faits auxquels elle était étrangère et auxquels elle eût été, dans tous les cas, impuissante à s'opposer.

Nous ne savons quelle influence eut sur l'opinion publique, chez les diverses puissances, la note où le chancelier cherchait à justifier cette mesure ; à cette époque, personne n'avait, en Europe, ni la volonté ni le courage de parler de droit à celui qui avait l'irrésistible argument de la force ; mais il est à croire qu'un jour ceux qui ont fait à la face du monde un semblable abus de la force pourront se repentir amèrement d'avoir ainsi méprisé les sentiments modernes d'humanité et de justice.

ORGANISATION

Vous avez pu vous rendre compte, par le résumé qui précède, et de l'importance militaire des chemins de fer et des principales conditions de leur emploi soit dans une campagne offensive, soit dans des opérations défensives ; mais le but auquel nous devons toujours tendre dans ces réunions est d'arriver à des conclusions pratiques, et cet entretien ne serait pas complet si je ne vous indiquais en quelques mots par quels moyens nos ennemis ont pu obtenir les immenses résultats que vous avez pu apprécier, et quelle organisation peut nous assurer à nous-mêmes la possibilité d'arriver à exploiter d'une manière satisfaisante les grandes ressources que les chemins de fer doivent désormais assurer aux armées.

La *Prusse* possédait au début de la guerre 6 divisions de chemins de fer : 4 prussiennes, 1 bavaroise et 1 prusso-badoise.

Elles comprenaient chacune :

1 ingénieur directeur,
3 ingénieurs ordinaires,
2 ingénieurs adjoints,
2 machinistes,
8 chefs de train,
1 directeur du matériel,
1 comptable,
24 ouvriers spéciaux,
1 compagnie du génie comprenant 5 officiers, 200 hommes et 60 chevaux.

Ces divisions, qui relevaient directement des commandements généraux d'étapes, avaient pour mission, dans la marche en avant, de faire la reconnaissance des lignes au fur et à mesure des progrès de l'armée, de réparer les voies, de rétablir les ouvrages d'art détruits, de faire occuper les gares et de les faire remettre en état, d'établir les garages spéciaux nécessaires pour les embarquements ou les débarquements, d'étudier et de faire exécuter les voies de raccordement à créer.

En cas de retraite, ces sections devaient assurer soit le refoulement de tout le matériel, soit la destruction du matériel abandonné, exécuter les travaux destinés à l'interruption des voies, détruire les gares, les réservoirs d'eau, les approvisionnements, les ouvrages d'art.

Un nombreux personnel d'ouvriers civils, appelés d'Allemagne ou réquisitionnés dans le pays, étendait leurs moyens d'action et leur permettait d'imprimer aux travaux entrepris la plus grande activité.

En dehors de ces divisions, dont l'action était limitée pour ainsi dire à la zone d'opérations, des commissions de lignes composées d'ingénieurs et d'officiers subordonnées aux commandants d'armée et aidées par un service général, avaient pour mission de diriger l'exploitation des lignes remises en état, d'assurer la régularité et la sécurité du service, sous le direction d'une commission centrale dite exécutive, attachée au grand état-major général.

Ces commissions furent dans la dernière guerre au nombre de trois d'abord, de quatre ensuite, et leur siége était à Strasbourg, Nancy, Épernay et Chaumont.

Une des grandes difficultés que ces commissions eurent à surmonter fut l'organisation du personnel d'exploitation, la plupart des employés français ayant naturellement abandonné leur poste dès que l'ennemi s'était emparé des lignes. Le commandement mit à la disposition des commissions un certain nombre de soldats pour le service courant de la voie et l'entretien, mais on dut en outre faire venir d'Allemagne un nombreux personnel emprunté aux compagnies de chemins de fer.

Récemment, la Prusse vient de substituer à ces sections détachées un bataillon de chemins de fer, sans doute pour rendre plus efficace et plus uniforme l'instruction technique que ces troupes sont destinées à recevoir ; et nous savons en effet, par l'expérience tentée en France pour la transformation en compagnies techniques de trois compagnies du génie, combien la dissémination des groupes à instruire est peu propre à assurer cette instruction.

Quoi qu'il en soit, vous le voyez, l'organisation prussienne était complète, et on peut juger par les résultats obtenus qu'elle était pratique.

L'Autriche a adopté une organisation analogue : une commission centrale près du grand état-major pour la direction, des commissions de lignes pour l'exploitation, des troupes techniques pour les réparations ou les destructions, et elle étudie d'ailleurs en ce moment les perfectionnements que le système en vigueur pourrait comporter.

En *Russie*, le service militaire des chemins de fer repose sur une combinaison un peu différente.

Lors de la mobilisation, le ministre attache à chaque armée d'opération une section spéciale qui forme le *commandement militaire des chemins de fer de cette armée*, et dont la force et la composition peuvent varier selon les circonstances et l'étendue probable des travaux à exécuter.

Chaque commandement a à sa tête un *chef*, ingénieur civil ou militaire d'une aptitude technique reconnue, et un *sous-chef*, et se compose de deux sections : une *direction technique* et une *section d'ouvriers*. Le chef du service est, pour tout ce qui regarde la construction, le rétablissement ou la destruction des voies ferrées, sous les ordres directs de *l'inspecteur-général des communications militaires*, c'est-à-dire de l'état-major général.

La direction technique comprend :

Des ingénieurs civils et militaires ;

Des contre-maîtres du service des lignes ou des machines;

Un personnel d'exploitation.

Cette direction est formée par les soins du ministre des communications, qui s'entend, à cet effet, avec le ministre de la guerre ; le matériel est désigné et réparti conformément à une entente semblable.

La section d'ouvriers est composée d'ouvriers civils embauchés ou de soldats fournis par le commandement.

Lorsqu'une voie nouvelle est rétablie, on installe une *administration provisoire*, ayant à sa tête un directeur d'exploitation qui reste directement subordonné à l'inspecteur des communications. militaires.

Tout le personnel d'exploitation est emprunté aux lignes de l'intérieur et désigné par le ministre des communications; mais les conducteurs de trains et les hommes de service sur la voie sont fournis par la troupe et choisis parmi les troupes techniques ou parmi les soldats qui, avant l'incorporation, ont été employés dans les chemins de fer.

Pour former en temps de paix un personnel militaire apte à fournir en temps de guerre les conducteurs et employés nécessaires, on répartit entre les différentes lignes de chemins de fer russes mille hommes choisis parmi ceux qui ont six ans de service, une conduite irréprochable et une certaine instruction, et ces hommes sont instruits par les soins des administrations civiles qui les emploient.

Chaque ligne territoriale forme un commandément de

chemin de fer distinct, chargé de surveiller les progrès de l'instruction technique des soldats attachés à cette ligne.

Le comité central du transport des troupes en chemin de fer est exactement informé du nombre de soldats en instruction dans chaque commandement, et des vacances à remplir chaque année, mais il n'intervient point dans la répartition des hommes sur telle ou telle section de la ligne.

Dans la réorganisation de notre armée, nous devons profiter des expériences de la dernière guerre et des études faites à l'étranger, et l'étude que nous venons de faire ensemble permet sinon de fixer le détail des dispositions qu'il conviendrait d'adopter, du moins de tracer le programme des mesures qui permettraient d'atteindre le but qu'on se propose.

Au grand état-major général incombe le devoir de préparer la guerre et d'arrêter les plans soit pour l'offensive soit pour la défensive ; il doit être au courant de toutes les questions qui peuvent influer sur les opérations ; il faut donc qu'à cet état-major soit attachée d'une manière permanente une commission spécialement destinée à le renseigner sur tout ce qui se rapporte à la question des chemins de fer.

Cette commission, dépendant directement de la section des communications militaires, serait composée de militaires et d'ingénieurs spéciaux.

Elle aurait pour mission de centraliser tous les renseignements, tous les documents statistiques et techniques relatifs soit aux lignes françaises, soit aux lignes étrangères.

Pour les lignes françaises, ces documents permettraient d'établir les conditions d'exploitation, le rendement possible, les moyens de défense ou de destruction ; pour les lignes étrangères, de connaître exactement les difficultés qu'offriraient leur parcours, leurs ressources, en gares, en eau, etc., leurs ouvrages d'art, ponts, viaducs ou tunnels.

La commission ferait étudier pour chacune des lignes étrangères les moyens de réparation pour les ouvrages supposés détruits; elle ferait, au besoin, préparer dans les arsenaux une partie du matériel nécessaire à ces réparations éventuelles; enfin elle ferait étudier par des ingénieurs civils ou militaires les raccordements possibles en cas d'interruption des voies principales, soit par des places fortes, soit par des destructions dont la réparation pourrait être très-difficile.

Sur les renseignements fournis par la commission, et avec son concours, l'état-major général devrait étudier en détail les plans de mobilisation et de concentration, en prenant pour base la répartition admise des forces militaires sur le territoire et les concentrations ou mobilisations dans différentes hypothèses probables ou possibles.

Dans ces plans généraux, l'état-major n'entrerait pas dans le détail des rassemblements intérieurs, et ses ordres de mouvement seraient établis en supposant pour chaque corps d'armée un *centre de mouvement*, *point de départ fictif du corps d'armée supposé condensé*.

Dans chaque corps d'armée, le personnel spécial destiné à pourvoir, en cas de guerre, au service d'étapes et de chemins de fer, aurait à étudier les plans de détail de la *mobilisation intérieure*, et à fixer les ordres de mouvement particuliers de manière à satisfaire aux conditions imposées par l'ordre général pour la mobilisation totale du corps.

Lors de la mise sur le pied de guerre, des *commissions de lignes*, composées d'officiers et d'ingénieurs, et dont le personnel pourrait être fixé à l'avance, seraient chargées, sous la direction de la *commission centrale*, d'organiser l'exploitation militaire des lignes employées au service des armées, d'assurer le fonctionnement régulier du service, l'entretien des voies, et, de concert avec les commandements d'étapes, de prendre les mesures nécessaires à la sécurité des trains.

Pour assurer aux opérations toute la précision désirable, les limites d'attributions et les devoirs de chacun doivent être en toute circonstance nettement définis ; le règlement général à intervenir devrait donc déterminer les bases essentielles des divisions des divers services.

Si vous vous rappelez les observations faites au commencement de cet entretien et les règles posées pour ce qui a rapport au fonctionnement des bases successives d'approvisionnement, vous trouverez sans doute que l'organisation pourrait être ainsi arrêtée.

Pendant la période de mobilisation et de concentration, les commissions militaires territoriales, sous la direction de la commission centrale, auraient à régler d'une manière générale les plans de marche de tous les trains dans l'étendue de leur circonscription.

Après cette période de crise, les compagnies de chemins de fer reprendraient la direction de leur exploitation, leur plan de marche normal, et les commissions militaires n'interviendraient que pour faire réserver dans ces plans de marche le nombre de trains militaires destinés soit aux approvisionnements, soit aux troupes à expédier, soit aux convois d'ambulance.

A partir de cette troisième base, l'exploitation complète serait dans les attributions des commissions militaires de lignes.

En cas de guerre offensive, sauf dispositions spéciales dues à l'initiative ministérielle, la frontière formerait la ligne de démarcation entre l'exploitation civile et l'exploitation militaire.

En exigeant des compagnies de chemins de fer diverses concessions, par exemple la fourniture du matériel en temps de guerre, l'embrigadement éventuel du personnel, la construction et l'entretien de trains d'ambulance (200 wagons à 20,000 fr. = 4,000,000), la réserve d'un nombre déterminé d'emplois pour anciens sous-officiers, l'État pourrait tenir compte de ces nouvelles charges :

1° En prorogeant de quelques années le contrat mutuel qui ferait revenir les lignes à l'État à une époque déterminée ;

2° En revisant les conventions de garantie pour l'exploitation des lignes secondaires ;

3° En admettant au volontariat d'un an les employés des chemins de fer ;

4° En fournissant, à titre d'instruction, un certain nombre d'hommes auxquels les compagnies n'auraient à payer qu'une solde militaire.

Le personnel d'exploitation serait fourni, ainsi que le matériel, par les compagnies de chemins de fer, auquel on adjoindrait, dans la zone la plus rapprochée du théâtre des opérations, un personnel militaire auxiliaire.

Les hommes indispensables aux mouvements de matériel, ainsi que les troupes chargées de la surveillance des voies, seraient empruntés aux forces mises à la disposition des commandements d'étapes.

Les dispositions qui précèdent assureraient la direction et l'exploitation ; il resterait à pourvoir aux réparations ou aux destructions, dans la zone la plus rapprochée du théâtre des opérations.

Cette mission ne peut-être remplie que par des troupes spéciales.

On pourrait admettre, comme cela existait en Prusse pendant la dernière guerre, la création de sections de chemins de fer comprenant des compagnies du génie, des ingénieurs, des conducteurs de train, des ouvriers spéciaux, ou, comme on l'a préféré récemment chez nos ennemis, un bataillon spécial d'instruction, qui fournirait, en cas de guerre, les sections nécessaires.

Mais il serait peut-être plus avantageux d'emprunter à l'organisation russe quelques-unes des dispositions qu'elle a adoptées.

Un bataillon du génie recevrait une instruction spéciale et serait exercé, comme cela avait été tenté déjà depuis 1867, aux principaux travaux de construction ou de destruction des voies ferrées; mais l'expérience faite a montré que si l'on pouvait former des auxiliaires utiles, on ne pouvait, dans de pareilles conditions, former ni de bons conducteurs de train, ni des machinistes suffisants.

Pour s'assurer les hommes spéciaux dont on a besoin, on pourrait, d'une part, admettre au service volontaire d'un an les mécaniciens, chauffeurs, ouvriers travaillant dans les ateliers des diverses lignes du territoire, et ces hommes, après leur année de service, seraient inscrits sur les contrôles d'une section de chemin de fer déterminée, à laquelle ils devraient se joindre en cas de mobilisation.

D'autre part, on pourrait, après leur première année de service, détacher un certain nombre de soldats qui serait réparti dans les différentes compagnies de chemins de fer, ces compagnies étant chargées de leur donner, pendant un temps déterminé, une instruction technique.

Ces hommes, dont l'entretien ne coûterait rien à l'État, seraient congédiés après leur instruction faite et inscrits sur les contrôles des sections de chemins de fer, qu'ils rejoindraient en cas de mobilisation.

L'organisation que je viens de vous esquisser ici à grands traits répond aux exigences de l'emploi militaire des chemins de fer; mais, comme je vous l'ai dit en commençant cet entretien, je n'ai pas la prétention de poser ici les conclusions d'un système complet et absolu, j'ai voulu surtout résumer dans ces propositions les principes qui paraissent devoir présider à une organisation suffisante.

Quant à l'étude détaillée de chacun des services dont je n'ai fait que la nomenclature, elle est digne, messieurs, de toute votre attention ; j'espère que quelques-uns d'entre vous en feront l'objet de leurs travaux, que vous remplirez le simple cadre que je viens de tracer, et que vous contribuerez autant que vous le pourrez à faciliter la tâche de la commission chargée de doter l'armée française de services désormais indispensables, et dont l'absence a été cruellement sentie dans la période douloureuse que nous venons de traverser.

FIN

Paris. — Impr. de H. Carion, 64, rue Bonaparte.

LISTE DES PUBLICATIONS

DE LA

RÉUNION DES OFFICIERS

MÉLANGES MILITAIRES

Nos 1. L'ARMÉE ANGLAISE EN 1871, au point de vue de l'offensive et de la défensive. Paris, Tanera. . . . . . Prix : 25 c.

2. ORGANISATION DE L'ARMÉE SUÉDOISE. Projet de réforme. Paris, Tanera . . . . 25 c.

3 et 4. MODE D'ATTAQUE DE L'INFANTERIE PRUSSIENNE dans la campagne 1870-71, par le duc Guillaume de Wurtemberg, traduit de l'allemand par M. Conchard-Vermeil. Paris, Tanera. . . . . 50 c.

5. DE LA DYNAMITE et de ses applications pendant le siége de Paris. Paris, Tanera. . . . . 25 c.

6. QUELQUES IDÉES SUR LE RECRUTEMENT, par G. B. Paris, Tanera. . . . . 25 c.

7. ETUDE SUR LES RECONNAISSANCES, par le commandant Pierron. Paris, Tanera. 25 c.

8, 9 et 10. ETUDE THÉORIQUE sur l'organisation d'un corps d'éclaireurs à cheval, par H. de La F. Paris, Tanera . 75 c.

11, 12, 13. ETUDE SUR LA DÉFENSE DE L'ALLEMAGNE OCCIDENTALE, et en particulier de l'Alsace-Lorraine. Traduit de l'allemand. Paris, Tanera. . . . . 75 c.

14. L'ARMÉE DANOISE. Organisation. Recrutement. Instruction. Effectif. Paris, Tanera. . . . . 25 c.

15, 16, 17. LES PLACES FORTES du N. E. de la France, et Essai de défense de la nouvelle frontière. Paris, Tanera . . 75 c.

18, 19. DE LA DÉTERMINATION DU CALIBRE dans les armes portatives, par J. L., cap. d'artillerie. Paris, Tanera. 50 c.

20. DES BIBLIOTHÈQUES MILITAIRES, de l'établissement d'un catalogue et de la tenue des principaux registres. Paris, Tanera. . . . . 25 c.

21, 22, 23, 24. L'ARTILLERIE AU SIÉGE DE STRASBOURG EN 1870. Notes recueillies par un officier de l'artillerie suisse. Traduit de l'allemand par P. Larzillière. Paris, Tanera.. 1 fr.

25, 26. L'ARTILLERIE DE CAMPAGNE des grandes puissances européennes et les Canons rayés. Traduit de l'allemand par M. Meert, capitaine d'artillerie. Paris, Tanera. . 50 c.

27. DES CANONS ET FUSILS A VAPEUR, par J. L., capitaine d'artillerie. Paris, Tanera. . . . . 25 c.

28, 29. LA CAVALERIE DE RÉSERVE sur le champ de bataille, d'après l'italien, par Foucrière, sous-lieut. au 81e rég. de ligne. Paris, Tanera. . . . . 50 c.

30. DE LA RÉPARTITION DE L'ARMÉE SUR LE TERRITOIRE. Paris, Tanera. . . . . 25 c.

31, 32. LE TÉLÉMÈTRE NOLAN, appareil destiné à mesurer les distances, avec planche. Paris, Tanera. . . . . 50 c.

33. LA BATAILLE DE SPICHEREN envisagée au point de vue stratégique. Traduit de l'allemand par Weil. Paris, Tanera. 25 c.

34. DE L'ÉQUITATION DANS LES RÉGIMENTS DE CAVALERIE EN PRUSSE, par H. de La F. Paris, Tanera . . . . 25 c.

35. L'ARMÉE PRUSSIENNE EN ALSACE PENDANT L'HIVER DERNIER, notes recueillies par C. Sandherr, lieutenant de chasseurs à pied. Paris, Tanera. . . . . 25 c.

36, 37. DE LA JUSTESSE DU TIR DES BOUCHES A FEU ET DES ARMES PORTATIVES, par M. J. Lefèvre, capitaine d'artillerie. Paris, Tanera. . . . . 50 c.

38. DES MÉTAUX EMPLOYÉS DANS LA FABRICATION DES CANONS ANGLAIS, par J. L., capitaine d'artillerie. Paris, Tanera. 25 c.

39, 40. INSTRUCTION THÉORIQUE ET PRATIQUE DE L'INFANTERIE, par E. Uffler, cap. au 93e rég. de ligne. Paris, Tanera. 50 c.

41, 42. L'EXPLOITATION DES CHEMINS DE FER FRANÇAIS PAR LES ARMÉES ALLEMANDES, d'après les documents officiels allemands, par M. Martner, capitaine d'état-major, avec carte. Paris, Tanera. . . . . 50 c.

43, 44. IDÉES SUR L'ATTAQUE DES PLACES FORTES. Conférence faite à Berlin par le général-major prince de Hohenlohe-Ingelfingen, d'après l'allemand, par A. Klipffel, capitaine du génie. Paris, Tanera. . . . . 50 c.

45, 46. DE L'INSTRUCTION PRATIQUE DE LA COMPAGNIE D'INFAN-TERIE. Paris, Tanera . . . . 50 c.

47, 48, 49, 50. CONSIDÉRATIONS SUR LA GUERRE DES PLACES FORTES, 1870-1871. Traduit de l'allemand par Couturier, lieutenant au 55e régiment. Paris, Tanera . . . . . . 1 fr.

51, 52. ÉTUDE SUR LES PEINES DISCIPLINAIRES EN CAMPAGNE, par G. D., officier d'état-major. Paris, Tanera. . . . 50 c.

53, 54. HISTORIQUE DES REMONTES DEPUIS LES ROMAINS, suivi d'un projet d'organisation d'une landwehr hippique, par L. L., sous-intendant militaire. Paris, Tanera. . . . 50 c.

55. LE TÉLÉMÈTRE DE CAMPAGNE DU COLONEL RUSSE STUBENDORF, avec planche. Paris, Tanera . . . . 25 c.

56, 57, 58. ÉTUDES SUR LE SERVICE DES ÉTAPES, d'après les renseignements personnels recueillis pendant la guerre de 1870-71 par un officier de l'inspection générale bavaroise des étapes. Traduit de l'allemand par Couturier, lieutenant au 55e régiment. Paris, Tanera. . . . . 75 c.

ENCYCLOPÉDIE MILITAIRE

1. LES CANONS GÉANTS DU MOYEN AGE ET DES TEMPS MODERNES, par R. Wille, lieutenant de l'artillerie prussienne. Traduit de l'allemand par MM. R. Colard et S. Bouché, lieutenants d'artillerie. 1 volume in-8º. Paris, Tanera. . 3 fr.

2. LES MITRAILLEUSES ET LEUR EMPLOI PENDANT LA GUERRE DE 1870-1871, par Hermann, comte Thürheim, capitaine bavarois. Traduit de l'allemand par E. J. Brochure in-8º. Paris, Tanera. . . . . 1 fr. 25

Sous presse :

ÉTUDE SUR LE RÉSEAU DE CHEMINS DE FER FRANÇAIS considéré comme moyen stratégique, par L. de Tromenec, capitaine d'artillerie. 1 vol. in-8º avec carte. Paris, Tanera.

MÉMOIRE sur la permanence de l'armement de défense et sur l'emploi des cuirasses métalliques dans les fortifications d'Anvers, Plymouth et Portsmouth, par le baron Berge, lieutenant-colonel d'artillerie. 1 vol. in-8° avec planches. Paris, Tanera.

GUIDE pour la préparation des plans de marche et des transports de troupes par les chemins de fer, par A. Le Pippre, chef d'escadron d'état-major. 1 vol. in-8° avec planches et carte. Paris, Tanera.

ENTRETIENS MILITAIRES

L'ARMÉE PRUSSIENNE, par M. Lahaussois, sous-intendant militaire. Paris, Dumaine. . . . . 60 c.

HYGIÈNE MILITAIRE, par le docteur Jules Arnould, médecin-major de 1re classe, Paris, Dumaine. . . . . 60 c.

DES TIRAILLEURS, DE LEUR INSTRUCTION, DE LEUR EMPLOI, par M. Herbinger, cap. adjudant-major au 1er prov. Paris, Dumaine . . . . 60 c.

PRINCIPES RATIONNELS DE LA MARCHE DES IMPEDIMENTA DANS LES GRANDES ARMÉES, par M. Anatole Baratier, sous-intendant militaire. Paris, Dumaine. . . . . 1 fr.

DE L'ADMINISTRATION MILITAIRE, par M. Lewal, colonel d'état-major. Paris, Dumaine. . . . . 1 fr.

DE L'ADMINISTRATION MILITAIRE ET DU FONCTIONNEMENT DES SERVICES ADMINISTRATIFS.— Réponse à M. le colonel Lewal, par M. Anatole Baratier, sous-intendant militaire. Paris, Dumaine. . . . . 1 fr.

DE L'AÉROSTATION MILITAIRE, par M. Delambre, capitaine du génie. . . . . 75 c.

DE LA PHOTOGRAPHIE et de ses applications aux besoins de l'armée, par M. Dumas, capitaine d'état-major, chef du service photographique au ministère de la guerre. . 75 c.

INSTRUCTION DE L'INFANTERIE, préparation au service de guerre, par M. Percin, capitaine du génie. . . . . . . 75 c.

DE L'EMPLOI MILITAIRE DES CHEMINS DE FER, par M. Delambre, capitaine du génie . . . . 75 c.

DE L'ENSEIGNEMENT DE LA GÉOGRAPHIE, par M. Bourboulon, chef de bataillon. . . . . 75 c.

RÈGLEMENTS ÉTRANGERS

RÈGLEMENT DU 3 AOUT 1870 SUR LES EXERCICES DE L'INFAN-
TERIE DE L'ARMÉE ROYALE DE PRUSSE. Traduit de l'allemand
par J. Monlezun, lieutenant au 120e régiment d'infanterie.
1 volume in-12 avec figures et planches de musique
donnant toutes les sonneries et batteries. Paris. Tanera. 4 fr.

INSTRUCTION DU 9 JUIN 1866, CONCERNANT LE SERVICE DE
GARNISON DE L'ARMÉE PRUSSIENNE. Traduit de l'allemand par
MM. Samion et Laplanche. Brochure in-12. Paris, Berger-
Levrault. . . . . 1 fr. 25

Sous presse :

MANUEL DU SAPEUR D'INFANTERIE. Instruction pratique spéciale, traduit de l'italien. 1 volume in-12 avec cent planches. Paris, Tanera.

INSTRUCTION DE 1870 SUR LE SERVICE EN CAMPAGNE DE LA
CAVALERIE DE L'ARMÉE SUÉDOISE. Traduit du suédois par
MM. Siwers et Martin. 1 vol. in-12, avec figures dans le
texte. Paris, Tanera.

RÈGLEMENT DE 1870 SUR LES EXERCICES DE LA CAVALERIE
AUTRICHIENNE. Traduit de l'allemand par V. Zeude, chef
d'escadron de cavalerie. 1 vol. in-12. Paris, Tanera.

OUVRAGES DIVERS

ORGANISATION DE L'ARMÉE DE L'ALLEMAGNE DU NORD. Recrutement et libération. Traduit de la 12e édition de l'ouvrage sur
l'organisation de l'armée allemande, du général de Witzleben
par le commandant Le Maître. Paris, Berger-Levrault. 2 fr.

COURS RÉDUIT DU TIR, par Borreil, capitaine au 124e de ligne.
2e édition. 1 volume in-12. Paris, Dumaine . . . . . 60 c.

MANUEL D'HYGIÈNE et de premiers secours, traduit de l'allemand
par le docteur Bürgkly. Br. in-12. Paris, Dumaine . . 60 c.

MANUEL DU SOLDAT. I. Service intérieur. II. Instruction sur
le démontage, le remontage et l'entretien de l'arme.
III. Notions sur le tir du fusil d'infanterie. IV. Transport
des troupes d'infanterie au chemin de fer. V. Notions

d'hygiène. **VI.** Service des places. **VII.** Service en campagne. 1 volume in-18 cartonné. Paris, Tanera . . . 50 c.

ETUDES SUR L'ART DE CONDUIRE LES TROUPES (2e partie), par Verdy du Vernois. Traduit de l'allemand par Masson, capitaine d'état-major. 1 vol in-12. Paris, Dumaine, et Bruxelles, Muquardt, 1872 . . . . 2 fr.

LES TRAINS SANITAIRES. Etude sur l'emploi des chemins de fer pour l'évacuation des blessés et malades en arrière des armées, par le Dr Morache. Brochure in-8°. Paris, Dumaine, 1872 . . . . 1 fr. 50 c.

CONSTRUCTION ET DESTRUCTION DES CHEMINS DE FER EN CAMPAGNE, par Wibrotte. Brochure in-8°. Paris, Dumaine, 1872.

Paris. — Imp. H. Carion, 64, rue Bonaparte.